BIOGRAPHIE

DES

CENSEURS ROYAUX.

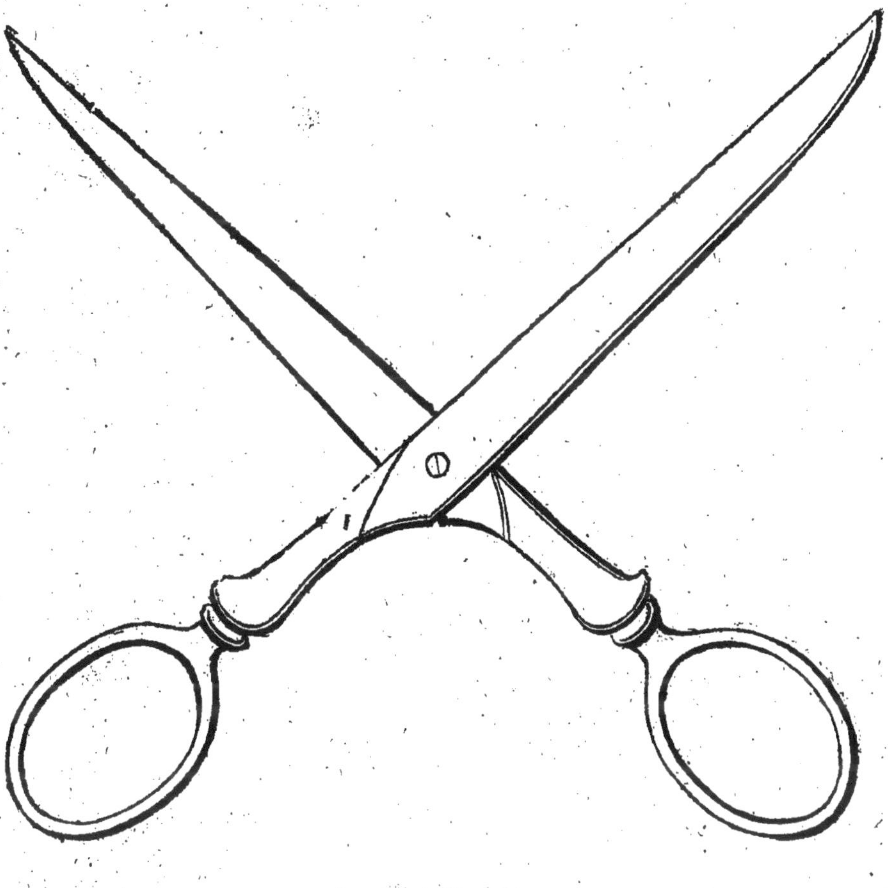

A PARIS,

CHEZ LES MARCHANDS DE NOUVEAUTÉS.

1821.

BIOGRAPHIE

DES

CENSEURS ROYAUX.

DE L'IMPRIMERIE DE GUIRAUDET,
Rue Saint-Honoré, n°. 315.

BIOGRAPHIE

DES

CENSEURS ROYAUX.

À PARIS,

CHEZ LES MARCHANDS DE NOUVEAUTÉS.

1821.

RÉFLEXIONS

PRÉLIMINAIRES.

M. Benjamin Constant, que l'on trouve toujours quand il s'agit de servir les intérêts de ses compatriotes, avait émis le vœu, à la dernière session, lors du renouvellement de la loi contre la liberté de la presse, de voir chaque censeur motiver et signer ses décisions. Ce moyen rendait ces *messieurs* pour ainsi dire responsables; mais M. de Serre s'opposa de toutes ses forces à cet amendement, et ce que le ministère voulait, la majorité de la Chambre le voulait aussi : de sorte que les choses restèrent comme elles étaient.

On a prétendu que Sa Grandeur Monseigneur le Garde des Sceaux avait été, dans cette circonstance, mû par la même raison qui empêcha un lieutenant de police de donner le nom de ses agens, attendu, disait-il, que le ministère les tirait d'une classe si obscure, si abjecte, qu'il y aurait honte, pour lui, de rendre publiques ses liaisons avec des êtres que la société repoussait de son sein. Nous ne sommes pas tout-à-fait de cet avis, quant à l'objet qui nous occupe, et nous pensons que Sa Grandeur a plutôt voulu épargner la modestie de ces *messieurs*; elle les a jugés d'après elle-même : quand on connaît la modestie de M. de Serre, un pareil trait ne peut étonner.

Nous croyons devoir rendre service aux lettres en arrachant à leur obscurité ces directeurs de l'esprit public, et en les montrant au grand jour tels qu'ils sont. Les biographies sont à la mode par le temps qui court. Celle que nous offrons à nos lecteurs ne sera pas volumineuse, et nous tâcherons de rendre ce tableau le moins affreux possible :

Un monstre, peint sans art, déplairait trop aux yeux.

Puissent les efforts des honorables députés du côté gauche ne pas rester sans succès ! puisse, surtout, le cri public faire enfin ouvrir les yeux au ministère ! et puissions-nous être délivrés de nos Atropos littéraires ! On ne peut plus consentir à ce qu'un tel Aréopage

. . . . Pédant sans titre et despote insolent,
Prétende gouverner l'empire du talent ;
Seul ouvrir, seul fermer le temple de Mémoire,
Et vivant de mépris, répartir seul la gloire.
Un pareil joug révolte et ne peut que flétrir :
C'est l'avoir mérité que l'avoir pu souffrir.

(*Luce de Lancival.*)

On ne saurait se faire une idée de la partialité de cette censure, dont un éloquent orateur a dit que « son règne avait été les saturnales de la calomnie. » Elle s'attache à ne rien laisser transpirer dans les journaux de ce qui pourrait intéresser le public, de ce qui pourrait flatter l'orgueil national. Croirait-on, par exemple, qu'elle a empêché l'insertion d'un simple article qui annonçait le succès toujours croissant du *Soldat laboureur*? Croirait-on qu'elle s'est également refusée à l'annonce de l'ouvrage que M. Lhuillier vient de publier sous le titre de *Monumens d'éloquence militaire*? (1) Elle veut même *déparenter* nos plus illustres familles; on lui envoie l'article suivant : *Le jeune duc de Chartres vient de reprendre le cours de ses études au collége de son aïeul Henri IV* : elle juge à propos de retrancher *son aïeul!!*

Un de ces jours, M. l'abbé d'Andrezel

(1) Chez l'éditeur, rue du Cimetière St.-André-des-Arts, N°. 7, et chez Corréard, libraire, Palais-Royal.

disait que si les réimpressions des *philosophes* se vendaient 10 à 15 f. le volume, IL les laisserait annoncer ; mais que le prix modique des nouvelles publications les mettant à la portée de tout le monde, il était *dangereux* de révéler leur existence !...

La censure impériale ne favorisait jamais tel parti au préjudice de tel autre ; et si une personne se trouvait calomniée, insultée, une autre feuille la vengeait bientôt : elle ne s'opposait qu'aux attaques contre le gouvernement ; elle n'aurait jamais pris fait et cause pour une faction, contre ce qu'il y a de plus honorable et de plus généreux dans la nation. Certes, c'est, pour la censure royale, le comble de la honte, de faire regretter la censure impériale.

Nous publierons incessamment les principaux articles qu'elle a supprimés et la liste des ouvrages patriotiques et libéraux dont elle a refusé l'annonce, depuis l'*amendement Bonald.* Le public jugera que les belles promesses de M. Siméon sont destinées à ne se réaliser JAMAIS!!...

BIOGRAPHIE

DES

CENSEURS ROYAUX.

ANDREZEL.

M. L'ABBÉ d'Andrezel, grand ennemi des philosophes et du bon sens; grand ami de M. l'abbé Eliçagaray et de l'ignorance; ci-devant vicaire général de Bordeaux et député aux Assemblées du clergé et aux États de Bretagne, est connu, dans le monde littéraire et politique, par une traduction de l'*Histoire des derniers Rois de la maison des Stuarts :* cet ouvrage, du célèbre Fox, est, comme on sait, une continuelle apologie de la révolution qui détrôna les Stuarts et fonda la liberté sur le changement de la dynastie. La censure impériale supprima plusieurs passages de la traduction; mais M. l'abbé d'Andrezel, alors victime de la censure, aujourd'hui censeur, se conduit de manière à ne pouvoir se dire, comme Didon :

Non ignora mali miseris succurere disco.

Il exerce ses fonctions avec une rigueur impitoyable, et ce douanier de la pensée ne laisse faire un peu de contrebande qu'à ses amis, c'est-à-dire à MM. les rédacteurs du *Drapeau blanc* et de *la Quotidienne*. On serait tenté de lui passer cette faiblesse si le bon goût et la justice ne s'en trouvaient blessés.

AUGER.

M. Auger, ex-employé des vivres, *ex-employé* au ministère de l'intérieur, ex-vaudeviliste, ex-rédacteur de la *Décade Philosophique*, ex-rédacteur du *Mercure*, ex-collaborateur du *Journal de l'Empire*, rédacteur actuel du *Journal des Débats* et de la *Biographie Universelle*, a été nommé académicien en 1816, par ordonnance royale. Son bagage littéraire est fort mince, et l'on ne connaît de lui qu'un *Eloge de Boileau*, aussi médiocrement écrit que pensé, et son discours, lors de la réception de M. Vilmain. Il s'est fait l'éditeur et l'annotateur d'une foule d'ouvrages célèbres qui se seraient fort bien passés de ses soins ; il s'attache vainement à nos grands écrivains, dans l'espoir d'aller avec eux à la postérité. Aucun, jusqu'ici, n'a voulu l'accepter pour compagnon de voyage. Il se traîne dans la boue et les ornières de leur char.

Après un an d'exercice, M. Auger a enfin rougi de ses fonctions de censeur ; il a donné sa démission. Quoique cette pudeur ait été un peu tardive, on ne peut qu'y applaudir.

BAUDUS.

D'ABORD partisan de la révolution, et nommé par le suffrage unanime de ses concitoyens à la place de procureur syndic du département du Lot, il émigra en 1792, reparut en France sous le consulat, et fut nommé, par Talleyrand, archiviste des affaires étrangères. Il devint ensuite gouverneur d'Achille ; mais il ne faut pas le confondre avec le centaure Chiron (1).

M. Baudus est enore aujourd'hui attaché au ministère des relations extérieures : aussi est-il

(1) Le prince Achille était fils du Roi Murat.

spécialement chargé de la censure des nouvelles du dehors, et il n'a pas tenu à lui que la France ait ignoré les dernières révolutions de l'Italie et de la Grèce.

BRIFFAUT.

Natif de Dijon, M. Briffaut fut élevé par les soins de l'abbé Volfius, évêque constitutionnel de cette ville. Il a malheureusement adopté, depuis quelques années, des principes bien opposés à l'éducation toute libérale qu'il avait reçue.

On a de lui :

La *Journée de l'Hymen*, poëme publié à l'occasion du mariage de Napoléon;

Une *Ode sur la naissance du Roi de Rome;*

Beaucoup d'articles anti-buonapartiste dans la *Gazette de France;*

Un poëme de *Rosamonde* et trois tragédies.

Il a disséqué, de concert avec M. Dieu-la-Foy, l'*Olympie* de Voltaire, et en a fait un opéra représenté sans succès en 1820. Cet illustre philsophe s'est ainsi vu crucifier entre deux pieux auteurs du faubourg St.-Germain!

Ce serait vraiment un calvaire
S'il s'y trouvait un bon larron.

(*Voltaire.*)

CHAZET.

Alissan de Chazet, écrivain à la rose et à la fleur d'orange, le plus poétique des prosateurs, et le plus prosaïque des versificateurs. Il n'a de Dorat que les défauts et la fécondité. Nommé par Napoléon chevalier de l'Ordre de la Réunion, pour avoir accompagné l'Impératrice à Cherbourg, et par Louis XVIII, d'abord chevalier, puis officier de la Légion-d'Honneur, pour être allé à Rouen prendre des notes lors du procès de Mathurin Bruneau, il postule en ce moment le grand cordon de l'ordre des girouettes. Il a composé tantôt la moitié, tantôt le tiers d'une foule de vaudevilles. On lui doit une partie de *la Famille des Innocens*, de *la Famille des Lurons*, de *Romainville*, etc. Il a fait représenter, sur divers théâtres, quelques pièces politiques, dont les principales sont :

Le Politique en Défaut, 1806.

Le Jardinier de Schœnbrunn, 1810.

L'Officier de Quinze Ans, à l'occasion de la naissance du roi de Rome, 1811.

La Grande Famille, représentée à Trianon devant LL. MM. II. et RR., le 25 août 1811.

Et l'*Une pour l'autre*, devant le Roi, le 21 février 1816.

Il y a long-temps que la manie de M. Chazet pour les ouvrages de circonstance, a fait dire à Despaze :

Qui pourrait éviter Chazet l'inévitable?

Nous ne saurions résister au plaisir de citer ici quelques échantillons du style de M. Chazet.

Voici pour la poésie :

Quelle fleur choisir aujourd'hui
Pour cette alliance immortelle ?
Il faudrait des lauriers pour lui,
Il faudrait des roses pour elle.
Eh bien ! pour n'avoir qu'une fleur,
Prenez celle que je propose :
C'est pour la grâce et la valeur
Qu'on inventa le laurier-rose.

Napoléon, de ton image
Louise a reçu l'heureux don ;
Puisses-tu, par un autre gage,
Chez nous éterniser ton nom !.....
Cette preuve de ta tendresse
Sera, pour le peuple, un bienfait ;
Et la France est une maîtresse
Qui demande aussi ton portrait.

Voici pour la prose :

« La malheureuse France a subi, sous Buo-

« naparte, tous les excès de la tyrannie. Après « tant de malheurs le Ciel nous devait un dé- « dommagement. La force des choses et le « *bonheur* des événemens nous ont ramenés à « l'époque *heureuse* de 1789. Tâchons d'ima- « giner que nous avons dormi vingt-cinq ans. « On peut se consoler d'un rêve pénible, quand « le réveil vient offrir le retour d'un bon « Roi, etc. »

(*Quotidienne*, 28 septembre 1814.)

CHERVAL.

M. L'ABBÉ Cherval est, dit-on, un homme d'esprit et de mérite ; mais il a le malheur d'avoir été censeur, et de dîner fréquemment chez les ministres. Il est presqu'aveugle ; mais en revanche,

La nature à son ventre attacha des oreilles.

(*Luce de Lancival.*)

D'AVRIGNY.

AUTEUR de *Jeanne d'Arc* et de quelques *opéra, comiques* si l'on veut. Ses *poésies nationales* lui ont fait plus d'honneur que sa persistance à rester censeur dramatique sous tous les régimes.

D'ERBIGNY.

Le plus obscur des douze inquisiteurs littéraires. Il n'est connu que par une tragédie d'*Hécube et Polyxène*, jouée *par ordre* il y a trois ans, et sifflée par devoir et par justice.

HUBERT.

Secrétaire général de la commission de censure.

M. Hubert éprouva une destitution en 1814, pour avoir publié une brochure en faveur de la liberté de la presse; et maintenant ! ! !

LACHAIZE.

Nous avons cherché vainement les titres littéraire de cet estimable citoyen. Tout ce qu'on nous a appris sur son compte, c'est qu'il est censeur des journaux, et qu'il jouit, en cette qualité, de 5,000 francs de traitement, à l'instar de ses honorables collègues. Nous lui souhaitons donc de conserver à tout jamais

Salus, honor et argentum
Atque bonum appetitum.

LACRETELLE (Charles).

M. Lacretelle jeune a un frère très-patriote, qui n'a jamais changé d'opinion politique, et qui sait trop se respecter pour se mettre servilement à la suite de tous les pouvoirs. Nous ne disons pas cela pour faire la critique de M. Lacretelle jeune, mais seulement pour faire l'éloge de M. Lacretelle aîné. Nous ajouterons qu'il est des personnes qui consacrent un beau talent à ne donner au public que des ouvrages de circonstance, surtout quand elles écrivent l'histoire contemporaine, et même quand elles écrivent l'histoire du temps passé. Les écrivains dont nous parlons aiment mieux les bonnes grâces des favoris éphémères de la fortune, que l'estime de la postérité : il ne faut pas disputer des goûts. Pour revenir à M Charles Lacretelle, nous dirons qu'il a été, en 1806, membre du bureau de la presse, et censeur dès 1810. Ses principaux ouvrages sont connus de tout le monde, et les autres ne méritent pas qu'on en parle. Il est académicien, et, qui pis est, censeur dramatique.

LANDRIEUX.

Homme d'un très-grand mérite..., à en juger par le cumul de ses emplois. Il est chef adjoint à la direction générale des postes. Il a été l'un des rédacteurs du *Spectateur*, qui, malgré tout son esprit et ses bonnes doctrines, est allé chez les morts chercher d'autres tableaux. M. Landrieux a été nommé censeur. Ne croyez pas que ce soit pour ses connaissances en littérature; mais parce qu'il est parent de M. Auger, de l'Académie. Il est ennemi des lettres, excepté de celles qui passent par ses mains, rue J.-J.

LEMONTEY.

On connaît ses ouvrages et ses talens;

> Mais à l'humanité, si parfait que l'on fût,
> Toujours par quelque endroit on paya le tribut.

Hélas! M. Lemontey est censeur dramatique!

LOURDOUEIX.

Si M. Lourdoueix eût été tant soit peu connu il y a six ans, il aurait figuré dans le *Dictionnaire des Girouettes*. Il a été tour à tour adversaire des *voltigeurs*, du *siècle* (1) et des *libéraux ;* il est maintenant censeur.

Les belles-lettres lui sont redevables des caricatures intitulées *M. de la Jobardière*... Il n'a rien fait de plus. . ., que retrancher dans les autres l'esprit que le sien ne comprend pas. Tous les journalistes se plaignent, dit-on, de ses *longues rognures*.

MAZURE.

M. Mazure est inspecteur général des études. Il a eu assez d'influence dans les dernières distributions de prix, pour faire écouler une *Vie de Voltaire*, qu'il avait publiée il y a plusieurs années, et que personne ne voulait

(1) Voyez les *Folies du Siècle*, mauvais roman dudit M. Lourdoueix.

acheter. Son libraire est satisfait d'en être débarrassé ; cependant, il redoute le même embarras pour un nouvel ouvrage dont ce littérateur infatigable s'occupe en ce moment, et qui portera pour titre *Voltaire épuré*. Si cette *épuration* ressemble à celle de 1815, Voltaire restera bien pauvre ! D'autres auteurs, dit-on, doivent subir le même sort.... Les vivans ne suffisent pas à la rage censoriale de M. Mazure.

M. Mazure est auteur des mélanges politiques dont *le Moniteur* gratifie ses abonnés depuis quelque temps. Nous renvoyons nos lecteurs à cette assommante feuille, pour se convaincre des prétendus principes politiques de M. Mazure.

PAIN.

M. Pain, censeur royal, mesurant son ambition sur ses facultés, n'a jamais fait que de petites choses, et occupé de petits emplois. Il a fait une petite scène à l'occasion d'un grand mariage en 1810 ; une petite pièce intitulée *les Mines de Beaujon* en 1812, avec M. Bouilly ; une autre petite pièce dite *Amour et Mystère*, dont il a fait une petite partie. Il est petit dans tout ; on le surnomme Petit-Pain. Il n'a de grand que son estomac et son ventre.

Il a dit :

Ciel éternise
Cette double union !
Que chacun dise,
Répète à l'unisson :
Vive Louise !
Vive Napoléon !

(3 avril 1810.)

Il a dit aussi :

Quand Flore, vers nous ramenée,
Des prés nuançait les couleurs,
En vain la France infortunée
Cherchait la plus noble des fleurs :
Le lis, sur sa tige flétrie,
Etait fané depuis long-temps ;
On rend aux Bourbons leur patrie :
Il fleurira chaque printemps.

(*Etrennes lyriques*, 34e. année, p. 58.)

PARISET.

M. Pariset est un des disciples de l'Oratoire. Il a fait les guerres de la Vendée. Bientôt il quitta la carrière militaire pour la médecine, où il obtint de grands succès. On lui doit d'excellens cours de physiologie et d'idéologie, et une traduction d'*Hippocrate*. Il a fourni de bons articles au *Journal de Médecine* et au *Dictionnaire des Sciences médicales*. Il a en portefeuille une tragédie d'*Electre*. Nommé censeur en 1820, il exerça ses fonctions pendant très-peu de temps ; soit qu'il fût épouvanté du voisinage de ses collègues, soit qu'il se rendît justice, M. Pariset donna sa démission, et on lui en sut gré.

RAOUL-ROCHETTE.

M. Raoul-Rochette, censeur démissionnaire, est peut-être l'homme de France qui cumule le plus de traitemens, et qui compte le moins de services. Il est membre de l'Institut, il est professeur d'histoire, il est auteur, il est compilateur, il est rédacteur aux *Débats*, il est collaborateur à la *Biographie universelle*, il est conservateur des médailles. Enfin, que n'est-il pas? où n'est-il pas? où ne se fourre-t-il pas?

ROTE DE RUGENT.

M. Rote de Rugent, émigré, a fait depuis la révolution de grands progrès dans la lecture, l'orthographe et la poésie; il est lecteur du jury de l'Académie royale de Musique et membre du comité de lecture du second Théâtre-Français. Comment fait-il pour tenir son sérieux en se rappelant ce vers :

La critique est aisée, MAIS l'art est difficile,

qu'il avait fait écrire sur la toile d'un petit théâtre de société, qu'il possédait jadis rue de Popincourt, et qu'il exploitait à la grande satisfaction des paisibles habitans de ce quartier?

ROUSSELLE.

Souvent un sot succède à un homme d'esprit. M. Raoul-Rochette a été remplacé, comme censeur, par M. Rousselle, qui, pour avoir été protégé par M. Fontanes, est devenu inspecteur de l'Académie et chef de division à la commission d'instruction publique.

VANDERBOURG.

A TRAVAILLÉ successivement à plusieurs journaux. A l'aide d'une petite réputation de coterie, et d'une traduction assez médiocre des *Odes d'Horace*, il parvint à se glisser à l'Institut en 1814, et il est membre de toutes les commissions de censure depuis 1815. Du reste, c'est un fort bon homme ..... de lettres.

VIEILLARD,

Censeur et poëte de circonstance.

Le Retour d'Astrée, en 1810.

Chant d'Allégresse, en 1810.

Chant pour les fêtes des 14 et 15 août 1810.

Le 21 Janvier, suivi du Tombeau de Louis XVI et Marie-Antoinette.

Prière de la Garde nationale de Paris, le 7 juillet 1815.

Robert de France, pour le mariage du duc de Berry, 1816.

Poésies nationales, 1817.

Le Béarnais à Paris, 1818.

Il offre Trajan, corrigé et mutilé, au duc de Berry, le 20 mai 1814.

Il a changé, il change, il changera.

Il écrivait, le 25 décembre 1810 (*Journal de l'Empire*) :

Comme un astre nouveau qui, lorsque les tempêtes
Cessent de régner dans les airs,
S'élève radieux au-dessus de nos têtes,
Et vient, par son aspect, rassurer l'univers,
Parais, enfant, notre espérance,
Enfant, heureux soutien des destins de la France;
Sur ton front que la majesté,
Que la grâce dans ton sourire,
Dans tes regards que la bonté,
De tes nobles parens qu'on chérit, qu'on admire,
Rendent les traits divins à notre œil enchanté :
Que leurs leçons instruisent ton jeune âge;
Des vertus unis l'héritage
A l'héritage des grandeurs;
Soumets les volontés en captivant les cœurs;
Sur l'amour fonde ta puissance;
Des attraits de la bienfaisance
Orne le diadême; ajoute à sa splendenr
Le doux éclat de la clémence :
Des travaux paternels atteignant la hauteur,
Éternise la paix, présent de la victoire,
Et que par toi le siècle de la gloire
Soit toujours celui du bonheur.

Voilà ce qu'il chantait en ce temps-là; voici ce qu'il a chanté depuis, à l'Empereur Alexandre :

Des Czars héritier magnanime,
Libérateur des Français asservis,
Tous les bienfaits dont nos maux sont suivis,
De tes mains sont le don sublime.

Ta gloire, fille des vertus,
A l'amour a droit de prétendre ;
Et les cœurs au nom d'Alexandre
Ajoutent celui de Titus.

(Almanach des Muses, 1815.*)*

FIN.

NOMS ET ADRESSES

DE

MM. LES CENSEURS EN ACTIVITÉ.

Censeurs de Journaux.

ANDREZEL, rue de la Planche, N°. 14.
BAUDUS, au Ministère des Affaires étrangères.
BRIFFAUT, rue du Bacq, N°. 27.
D'ERBIGNY.
LACHAIZE.
LANDRIEUX, rue St.-Sauveur, N°. 5.
LOURDOUEIX, rue Christine, n°. 5.
MAZURE, rue du Cherche-Midi, N°. 25.
PAIN, à Choisy-le-Roi.
ROUSSELLE, rue du faubourg St.-Honoré, N°. 66.
VANDERBOURG, rue Bourbon-le-Château, N°.
VIEILLARD, rue Jacob, N°. 11.

HUBERT, secrétaire général; à la Police.

Censeurs dramatiques.

CHAZET, rue du faubourg Montmartre, N°. 17.
D'AVRIGNY, rue Poissonnière, N°. 12.
LACRETELLE jeune, rue St.-Honoré, N°. 339.
LEMONTEY, rue St.-Dominique-St.-Germain, N°. 95.

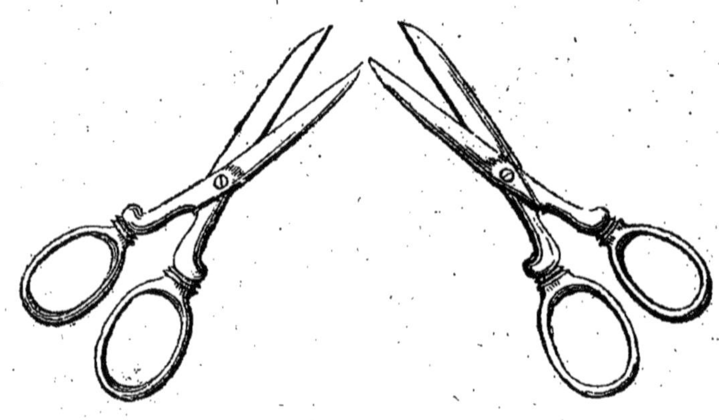

www.ingramcontent.com/pod-product-compliance
Ingram Content Group UK Ltd.
Pitfield, Milton Keynes, MK11 3LW, UK
UKHW020508230726
13925UKWH00005B/2110